365일
자동절약시스템
가계부

365일
자동 절약 시스템
가계부

2023년 11월 15일 개정판 1쇄 인쇄
2023년 11월 22일 개정판 1쇄 발행

지은이 | 오미옥
펴낸이 | 이종춘
펴낸곳 | ㈜첨단

주소 | 서울시 마포구 양화로 127 (서교동) 첨단빌딩 3층
전화 | 02-338-9151
팩스 | 02-338-9155
인터넷 홈페이지 | www.goldenowl.co.kr
출판등록 | 2000년 2월 15일 제 2000-000035호

디자인 | 조수빈
전략마케팅 | 구본철, 차정욱, 오영일, 나진호, 강호묵
제작 | 김유석
경영지원 | 이금선, 최미숙

ISBN 978-89-6030-625-7 13320

BM 황금부엉이는 ㈜첨단의 단행본 출판 브랜드입니다.

황금부엉이에서 출간하고 싶은 원고가 있으신가요? 생각해보신 책의 제목(가제), 내용에 대한 소개, 간단한 자기소개, 연락처를 book@goldenowl.co.kr 메일로 보내주세요. 집필하신 원고가 있다면 원고의 일부 또는 전체를 함께 보내주시면 더욱 좋습니다. 책의 집필이 아닌 기획안을 제안해주셔도 좋습니다. 보내주신 분이 저 자신이라는 마음으로 정성을 다해 검토하겠습니다.

365일 자동 절약 시스템 가계부

오미옥 만듦

BM 황금부엉이

책을 구입하신 후 다음 방법으로
가계부 특별부록 전자책을 다운로드 받으실 수 있습니다.

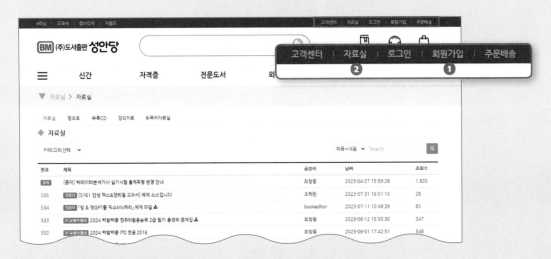

❶ 황금부엉이 출판사의 그룹사 홈페이지(cyber.co.kr)에 접속 후 회원가입을 합니다.
❷ '자료실' 메뉴를 클릭합니다.

❸ '부록CD' 메뉴를 클릭합니다.
❹ 목록에서 '<365일 자동 절약 시스템 가계부> 특별부록 전자책'을 클릭해서 다운로드 받습니다.

하루 살기 금액 정하기 & 5주 생활비 시스템 만들기

1 나의 하루 살기 금액은 얼마가 적당할까요?

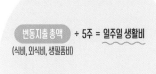

변동지출 총액 ÷ 5주 = 일주일 생활비
(식비, 외식비, 생필품비)

일주일 생활비 ÷ 7일 = 나의 하루 살기 금액

하루 살기 금액 기준표

한 달 예산	일주일 예산	하루 살기 금액
175,000원	35,000원	5,000원
350,000원	70,000원	10,000원
525,000원	105,000원	15,000원
700,000원	140,000원	20,000원
875,000원	175,000원	25,000원
1,050,000원	210,000원	30,000원

2 5주 생활비 시스템 만들기

주차	시작일	~	주간 결산일(다음 주 생활비 입금일)
1주		~	
2주		~	
3주		~	
4주		~	
5주		~	

> 본인의 급여일을 기준으로
> 시작일로부터 7일 단위로 정합니다.
> 매주 잔액은 '푼돈목돈' 통장에
> 모아봅시다!

3 주별 생활비를 운영할 방법을 선택하세요.

☐ 체크카드 자동이체   ☐ 현금 (봉투 / 달력)   ☐ 신용카드

- 견출지에 하루 살기 금액을 적고 카드에 붙이기
- 신용카드 결제 통장을 분리해서 '결제'할 때마다 생활비 통장에서 결제금액만큼 보내주기
- 매주 신용카드 결제통장에서 선결제하기

4 실천! 오늘부터 매일 '머니수다'하기

Q. 정말 필요한 거야?
Q. 그거 없으면 못 살아?
Q. 꼭 지금 사야 해?
Q. 그거 말고 다른 방법은 없어?
Q. 내가 진짜 원하는 게 뭐지?

Q. 오늘 구매한 것 중 가장 만족하는 것은?
Q. 아쉬운 소비는 무엇이었는가?
Q. 다음에 살 때는 어떤 것을 먼저 고려하고 싶은가?

꿈 선언

꿈 선언

"나 _____ 은/는

_____ 까지 (달성기간)

_____ 위해 (구체적 꿈)

_____ 원을 모은다." (목표금액)

내가 원하는 꿈의 구체적인 모습 그리기

_____

_____

_____

_____

꿈 구체화

목표금액을 달성하기 위한 구체적인 계획 세우기

_____

_____

_____

_____

내가 이 꿈을 이루어야 하는 이유는?

_____

_____

_____

_____

동기부여

년   월

일	월	화	수	목	금	토

✦ 이 달의 수입은?	
✦ 소비성 빚 갚기 목표액은?	
✦ 저축 목표액은?	
✦ 고정지출(공과금, 월세, 보험료 등) 예산은?	
✦ 변동지출(생활비) 예산은?	

머니잇수다 가계부 월 계획표

_____ 년 이루고자 하는 꿈은 무엇인가요?	
꿈을 이루기 위한 이번 달 목표는 무엇인가요?	
목표를 이루기 위해 이번 달에 꼭 해야 할 3가지는?	
이번 달 가계부 저축 목표는?	
이번 달에 집중해서 절약하고 싶은 내용은?	
이번 달에 중요한 이벤트(행사)는 무엇인가요?	
이번 달에 꼭 구매해야 할 것이 있나요?	
이번 달 나의 다짐	
나의 풍요 확언	

수입			대출 상환 (빚 갚기)		
1. 근로소득			**1. 소비성 빚 갚기**		
날짜	내용	금액	날짜	내용	금액
소계			소계		
2. 기타소득 – 정기			저축		
			1. 정기저축		
소계			소계		
3. 기타소득 – 비정기 수입(부수입)			**2. 비정기저축**		
소계			소계		

고정지출					
1. 주거비/공과금			4. 후원		
날짜	내용	금액	날짜	내용	금액
	소계			소계	
2. 용돈			5. 교제비		
	소계			소계	
3. 보험			6. 의료비		
	소계			소계	

고정지출

7. 경조사			10. 꾸밈비(이미용)		
날짜	내용	금액	날짜	내용	금액
	소계			소계	
8. 양육/교육비			11. 문화생활/여가비		
	소계			소계	
9. 교통비			12. 기타지출		
	소계			소계	

고정지출

13. 꿈지출			16.		
날짜	내용	금액	날짜	내용	금액
소계			소계		
14. 예비비			17.		
소계			소계		
15.			18.		
소계			소계		

돈의 흐름이 보이는 경제 지표

월

금리 기록	
미국	
한국	

날짜	코스피	다우지수	환율	유가	경제기사 헤드라인 / 비고
/					
/					
/					
/					
/					
/					
/					
/					
/					
/					
/					
/					
/					
/					
/					
/					
/					
/					
/					
/					
/					
/					
/					
/					
/					
/					

이번 주 목표 & 다짐	이번 주 피드백
	무지출 회
	푼돈적립액 원

변동지출					
1주차 식비(A)		예산			
날짜	내용	지출	잔액	지출 별점	
				☆ ☆ ☆ ☆ ☆ ☆ ☆ ☆ ☆ ☆	
				☆ ☆ ☆ ☆ ☆ ☆ ☆ ☆ ☆ ☆	
				☆ ☆ ☆ ☆ ☆ ☆ ☆ ☆ ☆ ☆	
				☆ ☆ ☆ ☆ ☆ ☆ ☆ ☆ ☆ ☆	
				☆ ☆ ☆ ☆ ☆ ☆ ☆ ☆ ☆ ☆	
				☆ ☆ ☆ ☆ ☆ ☆ ☆ ☆ ☆ ☆	
				☆ ☆ ☆ ☆ ☆ ☆ ☆ ☆ ☆ ☆	
소계				냉장고 지도 그리기	
1주차 외식비(B)				지금 가지고 있는 것	
소계					
1주차 생필품(C)				추가로 구매한 것 / 할 것	
소계				식단 메뉴	
총 지출액(A+B+C)					
잔액					

소비 후 나의 감정기록

매일 체크리스트		/	/	/	/	/	/	/
	☛ 오늘 가계부 썼나요?							
	☛ 구매 전 머니수다 했나요?							
	☛ 냉파 & 집밥 했나요?							
	☛ 하루 살기 금액 실천했나요?							

✦ 머니수다 & 풍요선언 ✦

Q. 꼭 필요한 것이었는가?

Q. 지금 아니면 안 되는 것이었는가?

Q. 먼저 냉장고와 찬장은 열어봤는가? 대체할 것은 없었는가?

Q. 오늘 구매한 것 중 가장 만족 또는 아쉬움을 느끼는 지출은?

Q. 다음에 살 때는 어떤 부분을 먼저 고려하고 싶은가?

✦ 머니수다 & 풍요선언 ✦

이번 주 목표 & 다짐	이번 주 피드백
	무지출 회
	푼돈적립액 원

변동지출

2주차 식비(A)		예산			
날짜	내용	지출	잔액	지출 별점	소비 후 나의 감정기록
				☆☆☆☆☆☆☆☆☆☆	
				☆☆☆☆☆☆☆☆☆☆	
				☆☆☆☆☆☆☆☆☆☆	
				☆☆☆☆☆☆☆☆☆☆	
				☆☆☆☆☆☆☆☆☆☆	
				☆☆☆☆☆☆☆☆☆☆	
				☆☆☆☆☆☆☆☆☆☆	
소계				냉장고 지도 그리기	
2주차 외식비(B)				지금 가지고 있는 것	
소계					
2주차 생필품(C)				추가로 구매한 것 / 할 것	
소계				식단 메뉴	
총 지출액(A+B+C)					
잔액					

매일 체크리스트		/	/	/	/	/	/	/
	☛ 오늘 가계부 썼나요?							
	☛ 구매 전 머니수다 했나요?							
	☛ 냉파 & 집밥 했나요?							
	☛ 하루 살기 금액 실천했나요?							

✦ 머니수다 & 풍요선언 ✦

Q. 꼭 필요한 것이었는가?

Q. 지금 아니면 안 되는 것이었는가?

Q. 먼저 냉장고와 찬장은 열어봤는가? 대체할 것은 없었는가?

Q. 오늘 구매한 것 중 가장 만족 또는 아쉬움을 느끼는 지출은?

Q. 다음에 살 때는 어떤 부분을 먼저 고려하고 싶은가?

✦ 머니수다 & 풍요선언 ✦

이번 주 목표 & 다짐		이번 주 피드백
		무지출　　　　　　　회
		푼돈적립액　　　　　원

변동지출

3주차 식비(A)		예산		
날짜	내용	지출	잔액	지출 별점
				☆☆☆☆☆☆☆☆☆☆
				☆☆☆☆☆☆☆☆☆☆
				☆☆☆☆☆☆☆☆☆☆
				☆☆☆☆☆☆☆☆☆☆
				☆☆☆☆☆☆☆☆☆☆
				☆☆☆☆☆☆☆☆☆☆
				☆☆☆☆☆☆☆☆☆☆
소계				냉장고 지도 그리기
3주차 외식비(B)				지금 가지고 있는 것
소계				
3주차 생필품(C)				추가로 구매한 것 / 할 것
				식단 메뉴
소계				
총 지출액(A+B+C)				
잔액				

소비 후 나의 감정기록

매일 체크리스트	/	/	/	/	/	/	/
✦ 오늘 가계부 썼나요?							
✦ 구매 전 머니수다 했나요?							
✦ 냉파 & 집밥 했나요?							
✦ 하루 살기 금액 실천했나요?							

✦ 머니수다 & 풍요선언 ✦

Q. 꼭 필요한 것이었는가?

Q. 지금 아니면 안 되는 것이었는가?

Q. 먼저 냉장고와 찬장은 열어봤는가? 대체할 것은 없었는가?

Q. 오늘 구매한 것 중 가장 만족 또는 아쉬움을 느끼는 지출은?

Q. 다음에 살 때는 어떤 부분을 먼저 고려하고 싶은가?

✦ 머니수다 & 풍요선언 ✦

이번 주 목표 & 다짐	이번 주 피드백
	무지출　　　　　　　회
	푼돈적립액　　　　　원

변동지출

4주차 식비(A)		예산			소비 후 나의 감정기록
날짜	내용	지출	잔액	지출 별점	
				☆☆☆☆☆☆☆☆☆☆	
				☆☆☆☆☆☆☆☆☆☆	
				☆☆☆☆☆☆☆☆☆☆	
				☆☆☆☆☆☆☆☆☆☆	
				☆☆☆☆☆☆☆☆☆☆	
				☆☆☆☆☆☆☆☆☆☆	
				☆☆☆☆☆☆☆☆☆☆	
소계				냉장고 지도 그리기	
4주차 외식비(B)				지금 가지고 있는 것	
소계					
4주차 생필품(C)				추가로 구매한 것 / 할 것	
				식단 메뉴	
소계					
총 지출액(A+B+C)		·			
잔액					

매일 체크리스트		/	/	/	/	/	/	/
	☛ 오늘 가계부 썼나요?							
	☛ 구매 전 머니수다 했나요?							
	☛ 냉파 & 집밥 했나요?							
	☛ 하루 살기 금액 실천했나요?							

✦ 머니수다 & 풍요선언 ✦

Q. 꼭 필요한 것이었는가?

Q. 지금 아니면 안 되는 것이었는가?

Q. 먼저 냉장고와 찬장은 열어봤는가? 대체할 것은 없었는가?

Q. 오늘 구매한 것 중 가장 만족 또는 아쉬움을 느끼는 지출은?

Q. 다음에 살 때는 어떤 부분을 먼저 고려하고 싶은가?

✦ 머니수다 & 풍요선언 ✦

이번 주 목표 & 다짐	이번 주 피드백	
	무지출	회
	푼돈적립액	원
	이번달 총	회
	이번달 총	원

변동지출

5주차 식비(A)		예산			소비 후 나의 감정기록
날짜	내용	지출	잔액	지출 별점	
				☆☆☆☆☆☆☆☆☆☆	
				☆☆☆☆☆☆☆☆☆☆	
				☆☆☆☆☆☆☆☆☆☆	
				☆☆☆☆☆☆☆☆☆☆	
				☆☆☆☆☆☆☆☆☆☆	
				☆☆☆☆☆☆☆☆☆☆	
				☆☆☆☆☆☆☆☆☆☆	
소계				냉장고 지도 그리기	
5주차 외식비(B)				지금 가지고 있는 것	
소계					
5주차 생필품(C)				추가로 구매한 것 / 할 것	
				식단 메뉴	
소계					
총 지출액(A+B+C)					
잔액					

매일 체크리스트		/	/	/	/	/	/	/
	☛ 오늘 가계부 썼나요?							
	☛ 구매 전 머니수다 했나요?							
	☛ 냉파 & 집밥 했나요?							
	☛ 하루 살기 금액 실천했나요?							

✦ 머니수다 & 풍요선언 ✦

Q. 꼭 필요한 것이었는가?

Q. 지금 아니면 안 되는 것이었는가?

Q. 먼저 냉장고와 찬장은 열어봤는가? 대체할 것은 없었는가?

Q. 오늘 구매한 것 중 가장 만족 또는 아쉬움을 느끼는 지출은?

Q. 다음에 살 때는 어떤 부분을 먼저 고려하고 싶은가?

✦ 머니수다 & 풍요선언 ✦

월 결산					
지출				수입	
구분	항목	예산	결산	항목	결산
대출상환	소비성 빚 갚기			근로소득	
저축	정기저축			정기소득	
	비정기저축			비정기소득	
저축 총액				이자소득	
고정지출	주거비/공과금			배당소득	
	용돈			사업소득	
	보험료			연금소득	
	후원			임대소득	
	교제비			기타소득	
	의료비			푼돈재테크 (푼돈목돈통장)	
	경조사				
	양육/교육비				
	교통비				
	꾸밈비(이미용)				
	문화생활/여가				
	기타지출				
	꿈지출/자기계발				
	예비비				
고정지출 총액				수입 총액	
변동지출	식비				
	외식비				
	생필품비				
변동지출 총액				월 잔액	
지출 총액 (소비성빚갚기+저축총액+고정지출총액+변동지출총액)					

머니잇수다 가계부 결산 셀프 피드백

이번 달

가장 금액이 큰 소비항목 5가지 리스트 (예산 대비 초과 지출된 항목은?)

가장 금액이 적은 소비항목 5가지 리스트

가장 만족도가 높은 소비 항목은?

가장 아쉬운 소비 항목은?

나를 위한 선물은 무엇이었는가?

다음 달

새로운 가계부 예산 목표는?

새롭게 늘리거나 꼭 줄여보고 싶은 항목은?

절약에 성공한 나를 위해 주고 싶은 선물은 무엇인가?

집밥이 최고의 재테크!

일 주 일 집 밥 냉장고 지도

위치	현재 가지고 있는 식재료
냉동실	
냉장실	
찬장/펜트리	
집밥 메뉴	
장 볼 품목	

년   월

일	월	화	수	목	금	토

✦ 이 달의 수입은?

✦ 소비성 빚 갚기 목표액은?

✦ 저축 목표액은?

✦ 고정지출(공과금, 월세, 보험료 등) 예산은?

✦ 변동지출(생활비) 예산은?

머니잇수다 가계부 월 계획표

월

_____ 년 이루고자 하는 꿈은 무엇인가요?	
꿈을 이루기 위한 이번 달 목표는 무엇인가요?	
목표를 이루기 위해 이번 달에 꼭 해야 할 3가지는?	
이번 달 가계부 저축 목표는?	
이번 달에 집중해서 절약하고 싶은 내용은?	
이번 달에 중요한 이벤트(행사)는 무엇인가요?	
이번 달에 꼭 구매해야 할 것이 있나요?	
이번 달 나의 다짐	
나의 풍요 확언	

수입			대출 상환 (빚 갚기)		
1. 근로소득			**1. 소비성 빚 갚기**		
날짜	내용	금액	날짜	내용	금액
소계			소계		
2. 기타소득 – 정기			**저축**		
			1. 정기저축		
소계			소계		
3. 기타소득 – 비정기 수입(부수입)			**2. 비정기저축**		
소계			소계		

고정지출

1. 주거비/공과금			4. 후원		
날짜	내용	금액	날짜	내용	금액
소계			소계		
2. 용돈			5. 교제비		
소계			소계		
3. 보험			6. 의료비		
소계			소계		

고정지출

7. 경조사			10. 꾸밈비(이미용)		
날짜	내용	금액	날짜	내용	금액
소계			소계		
8. 양육/교육비			11. 문화생활/여가비		
소계			소계		
9. 교통비			12. 기타지출		
소계			소계		

고정지출

13. 꿈지출			16.		
날짜	내용	금액	날짜	내용	금액
소계			소계		
14. 예비비			17.		
소계			소계		
15.			18.		
소계			소계		

돈의 흐름이 보이는 경제 지표

월

금리 기록	
미국	
한국	

날짜	코스피	다우지수	환율	유가	경제기사 헤드라인 / 비고
/					
/					
/					
/					
/					
/					
/					
/					
/					
/					
/					
/					
/					
/					
/					
/					
/					
/					
/					
/					
/					
/					
/					
/					
/					

이번 주 목표 & 다짐	이번 주 피드백
	무지출 회
	푼돈적립액 원

변동지출

1주차 식비(A)		예산			
날짜	내용	지출	잔액	지출 별점	소비 후 나의 감정기록
				☆☆☆☆☆☆☆☆☆☆	
				☆☆☆☆☆☆☆☆☆☆	
				☆☆☆☆☆☆☆☆☆☆	
				☆☆☆☆☆☆☆☆☆☆	
				☆☆☆☆☆☆☆☆☆☆	
				☆☆☆☆☆☆☆☆☆☆	
				☆☆☆☆☆☆☆☆☆☆	
소계				냉장고 지도 그리기	
1주차 외식비(B)				지금 가지고 있는 것	
소계					
1주차 생필품(C)				추가로 구매한 것 / 할 것	
				식단 메뉴	
소계					
총 지출액(A+B+C)					
잔액					

매일 체크리스트		/	/	/	/	/	/	/
	☛ 오늘 가계부 썼나요?							
	☛ 구매 전 머니수다 했나요?							
	☛ 냉파 & 집밥 했나요?							
	☛ 하루 살기 금액 실천했나요?							

✦ 머니수다 & 풍요선언 ✦

Q. 꼭 필요한 것이었는가?

Q. 지금 아니면 안 되는 것이었는가?

Q. 먼저 냉장고와 찬장은 열어봤는가? 대체할 것은 없었는가?

Q. 오늘 구매한 것 중 가장 만족 또는 아쉬움을 느끼는 지출은?

Q. 다음에 살 때는 어떤 부분을 먼저 고려하고 싶은가?

✦ 머니수다 & 풍요선언 ✦

이번 주 목표 & 다짐	이번 주 피드백
	무지출 　　　　　　회
	푼돈적립액 　　　　원

변동지출

2주차 식비(A)		예산			
날짜	내용	지출	잔액	지출 별점	소비 후 나의 감정기록
				☆☆☆☆☆☆☆☆☆☆	
				☆☆☆☆☆☆☆☆☆☆	
				☆☆☆☆☆☆☆☆☆☆	
				☆☆☆☆☆☆☆☆☆☆	
				☆☆☆☆☆☆☆☆☆☆	
				☆☆☆☆☆☆☆☆☆☆	
				☆☆☆☆☆☆☆☆☆☆	
소계				냉장고 지도 그리기	
2주차 외식비(B)				지금 가지고 있는 것	
소계					
2주차 생필품(C)				추가로 구매한 것 / 할 것	
				식단 메뉴	
소계					
총 지출액(A+B+C)					
잔액					

매일 체크리스트		/	/	/	/	/	/	/
	☛ 오늘 가계부 썼나요?							
	☛ 구매 전 머니수다 했나요?							
	☛ 냉파 & 집밥 했나요?							
	☛ 하루 살기 금액 실천했나요?							

✦ 머니수다 & 풍요선언 ✦

Q. 꼭 필요한 것이었는가?

Q. 지금 아니면 안 되는 것이었는가?

Q. 먼저 냉장고와 찬장은 열어봤는가? 대체할 것은 없었는가?

Q. 오늘 구매한 것 중 가장 만족 또는 아쉬움을 느끼는 지출은?

Q. 다음에 살 때는 어떤 부분을 먼저 고려하고 싶은가?

✦ 머니수다 & 풍요선언 ✦

이번 주 목표 & 다짐	이번 주 피드백
	무지출 회
	푼돈적립액 원

변동지출

3주차 식비(A)		예산			소비 후 나의 감정기록
날짜	내용	지출	잔액	지출 별점	
				☆☆☆☆☆☆☆☆☆☆	
				☆☆☆☆☆☆☆☆☆☆	
				☆☆☆☆☆☆☆☆☆☆	
				☆☆☆☆☆☆☆☆☆☆	
				☆☆☆☆☆☆☆☆☆☆	
				☆☆☆☆☆☆☆☆☆☆	
				☆☆☆☆☆☆☆☆☆☆	
소계				냉장고 지도 그리기	
3주차 외식비(B)				지금 가지고 있는 것	
소계					
3주차 생필품(C)				추가로 구매한 것 / 할 것	
				식단 메뉴	
소계					
총 지출액(A+B+C)					
잔액					

매일 체크리스트		/	/	/	/	/	/	/
	☛ 오늘 가계부 썼나요?							
	☛ 구매 전 머니수다 했나요?							
	☛ 냉파 & 집밥 했나요?							
	☛ 하루 살기 금액 실천했나요?							

✦ 머니수다 & 풍요선언 ✦

Q. 꼭 필요한 것이었는가?

Q. 지금 아니면 안 되는 것이었는가?

Q. 먼저 냉장고와 찬장은 열어봤는가? 대체할 것은 없었는가?

Q. 오늘 구매한 것 중 가장 만족 또는 아쉬움을 느끼는 지출은?

Q. 다음에 살 때는 어떤 부분을 먼저 고려하고 싶은가?

✦ 머니수다 & 풍요선언 ✦

이번 주 목표 & 다짐	이번 주 피드백
	무지출 회
	푼돈적립액 원

변동지출

4주차 식비(A)		예산			
날짜	내용	지출	잔액	지출 별점	
				☆ ☆ ☆ ☆ ☆ ☆ ☆ ☆ ☆ ☆	소비 후 나의 감정기록
				☆ ☆ ☆ ☆ ☆ ☆ ☆ ☆ ☆ ☆	
				☆ ☆ ☆ ☆ ☆ ☆ ☆ ☆ ☆ ☆	
				☆ ☆ ☆ ☆ ☆ ☆ ☆ ☆ ☆ ☆	
				☆ ☆ ☆ ☆ ☆ ☆ ☆ ☆ ☆ ☆	
				☆ ☆ ☆ ☆ ☆ ☆ ☆ ☆ ☆ ☆	
				☆ ☆ ☆ ☆ ☆ ☆ ☆ ☆ ☆ ☆	
	소계			냉장고 지도 그리기	
4주차 외식비(B)				지금 가지고 있는 것	
	소계				
4주차 생필품(C)				추가로 구매한 것 / 할 것	
				식단 메뉴	
	소계				
	총 지출액(A+B+C)				
	잔액				

매일 체크리스트		/	/	/	/	/	/	/
	☛ 오늘 가계부 썼나요?							
	☛ 구매 전 머니수다 했나요?							
	☛ 냉파 & 집밥 했나요?							
	☛ 하루 살기 금액 실천했나요?							

✦ 머니수다 & 풍요선언 ✦

Q. 꼭 필요한 것이었는가?

Q. 지금 아니면 안 되는 것이었는가?

Q. 먼저 냉장고와 찬장은 열어봤는가? 대체할 것은 없었는가?

Q. 오늘 구매한 것 중 가장 만족 또는 아쉬움을 느끼는 지출은?

Q. 다음에 살 때는 어떤 부분을 먼저 고려하고 싶은가?

✦ 머니수다 & 풍요선언 ✦

이번 주 목표 & 다짐	이번 주 피드백	
	무지출	회
	푼돈적립액	원
	이번달 총	회
	이번달 총	원

변동지출

5주차 식비(A)		예산		지출 별점	소비 후 나의 감정기록
날짜	내용	지출	잔액	지출 별점	
				☆☆☆☆☆☆☆☆☆☆	
				☆☆☆☆☆☆☆☆☆☆	
				☆☆☆☆☆☆☆☆☆☆	
				☆☆☆☆☆☆☆☆☆☆	
				☆☆☆☆☆☆☆☆☆☆	
				☆☆☆☆☆☆☆☆☆☆	
				☆☆☆☆☆☆☆☆☆☆	
소계				냉장고 지도 그리기	
5주차 외식비(B)				지금 가지고 있는 것	
소계					
5주차 생필품(C)				추가로 구매한 것 / 할 것	
				식단 메뉴	
소계					
총 지출액(A+B+C)					
잔액					

매일 체크리스트		/	/	/	/	/	/	/
	☞ 오늘 가계부 썼나요?							
	☞ 구매 전 머니수다 했나요?							
	☞ 냉파 & 집밥 했나요?							
	☞ 하루 살기 금액 실천했나요?							

✦ 머니수다 & 풍요선언 ✦

Q. 꼭 필요한 것이었는가?

Q. 지금 아니면 안 되는 것이었는가?

Q. 먼저 냉장고와 찬장은 열어봤는가? 대체할 것은 없었는가?

Q. 오늘 구매한 것 중 가장 만족 또는 아쉬움을 느끼는 지출은?

Q. 다음에 살 때는 어떤 부분을 먼저 고려하고 싶은가?

✦ 머니수다 & 풍요선언 ✦

월 결산					
지출				수입	
구분	항목	예산	결산	항목	결산
대출상환	소비성 빚 갚기			근로소득	
저축	정기저축			정기소득	
	비정기저축			비정기소득	
저축 총액				이자소득	
고정지출	주거비/공과금			배당소득	
	용돈			사업소득	
	보험료			연금소득	
	후원			임대소득	
	교제비			기타소득	
	의료비			푼돈재테크 (푼돈목돈통장)	
	경조사				
	양육/교육비				
	교통비				
	꾸밈비(이미용)				
	문화생활/여가				
	기타지출				
	꿈지출/자기계발				
	예비비				
고정지출 총액				수입 총액	
변동지출	식비				
	외식비				
	생필품비				
변동지출 총액				월 잔액	
지출 총액 (소비성빚갚기+저축총액+고정지출총액+변동지출총액)					

머니잇수다 가계부 결산 셀프 피드백

이번 달

가장 금액이 큰 소비항목 5가지 리스트 (예산 대비 초과 지출된 항목은?)

가장 금액이 적은 소비항목 5가지 리스트

가장 만족도가 높은 소비 항목은?

가장 아쉬운 소비 항목은?

나를 위한 선물은 무엇이었는가?

다음 달

새로운 가계부 예산 목표는?

새롭게 늘리거나 꼭 줄여보고 싶은 항목은?

절약에 성공한 나를 위해 주고 싶은 선물은 무엇인가?

집밥이 최고의 재테크!

일 주 일 집 밥 냉장고 지도

위치	현재 가지고 있는 식재료
냉동실	
냉장실	
찬장/펜트리	
집밥 메뉴	
장 볼 품목	

년   월

일	월	화	수	목	금	토

✦ 이 달의 수입은?	
✦ 소비성 빚 갚기 목표액은?	
✦ 저축 목표액은?	
✦ 고정지출(공과금, 월세, 보험료 등) 예산은?	
✦ 변동지출(생활비) 예산은?	

머니잇수다 가계부 월 계획표

_____ 년 이루고자 하는 꿈은 무엇인가요?	
꿈을 이루기 위한 이번 달 목표는 무엇인가요?	
목표를 이루기 위해 이번 달에 꼭 해야 할 3가지는?	
이번 달 가계부 저축 목표는?	
이번 달에 집중해서 절약하고 싶은 내용은?	
이번 달에 중요한 이벤트(행사)는 무엇인가요?	
이번 달에 꼭 구매해야 할 것이 있나요?	
이번 달 나의 다짐	
나의 풍요 확언	

수입			대출 상환 (빚 갚기)		
1. 근로소득			**1. 소비성 빚 갚기**		
날짜	내용	금액	날짜	내용	금액
	소계			소계	
2. 기타소득 – 정기			저축		
			1. 정기저축		
	소계			소계	
3. 기타소득 – 비정기 수입(부수입)			**2. 비정기저축**		
	소계			소계	

저축

365일 자동 절약 시스템 가계부

049

고정지출					
1. 주거비/공과금			4. 후원		
날짜	내용	금액	날짜	내용	금액
소계			소계		
2. 용돈			5. 교제비		
소계			소계		
3. 보험			6. 의료비		
소계			소계		

고정지출					
7. 경조사			**10. 꾸밈비(이미용)**		
날짜	내용	금액	날짜	내용	금액
	소계			소계	
8. 양육/교육비			**11. 문화생활/여가비**		
	소계			소계	
9. 교통비			**12. 기타지출**		
	소계			소계	

고정지출					
13. 꿈지출			16.		
날짜	내용	금액	날짜	내용	금액
	소계			소계	
14. 예비비			17.		
	소계			소계	
15.			18.		
	소계			소계	

돈의 흐름이 보이는 경제 지표

월

금리 기록	
미국	
한국	

날짜	코스피	다우지수	환율	유가	경제기사 헤드라인 / 비고
/					
/					
/					
/					
/					
/					
/					
/					
/					
/					
/					
/					
/					
/					
/					
/					
/					
/					
/					
/					
/					
/					
/					
/					
/					

이번 주 목표 & 다짐	이번 주 피드백
	무지출 회
	푼돈적립액 원

변동지출

1주차 식비(A)		예산			
날짜	내용	지출	잔액	지출 별점	소비 후 나의 감정기록
				☆☆☆☆☆☆☆☆☆☆	
				☆☆☆☆☆☆☆☆☆☆	
				☆☆☆☆☆☆☆☆☆☆	
				☆☆☆☆☆☆☆☆☆☆	
				☆☆☆☆☆☆☆☆☆☆	
				☆☆☆☆☆☆☆☆☆☆	
				☆☆☆☆☆☆☆☆☆☆	
소계				냉장고 지도 그리기	
1주차 외식비(B)				지금 가지고 있는 것	
소계				추가로 구매한 것 / 할 것	
1주차 생필품(C)					
				식단 메뉴	
소계					
총 지출액(A+B+C)					
잔액					

매일 체크리스트		/	/	/	/	/	/	/
	☞ 오늘 가계부 썼나요?							
	☞ 구매 전 머니수다 했나요?							
	☞ 냉파 & 집밥 했나요?							
	☞ 하루 살기 금액 실천했나요?							

✦ 머니수다 & 풍요선언 ✦

Q. 꼭 필요한 것이었는가?

Q. 지금 아니면 안 되는 것이었는가?

Q. 먼저 냉장고와 찬장은 열어봤는가? 대체할 것은 없었는가?

Q. 오늘 구매한 것 중 가장 만족 또는 아쉬움을 느끼는 지출은?

Q. 다음에 살 때는 어떤 부분을 먼저 고려하고 싶은가?

✦ 머니수다 & 풍요선언 ✦

이번 주 목표 & 다짐	이번 주 피드백
	무지출 회
	푼돈적립액 원

변동지출

2주차 식비(A)		예산		
날짜	내용	지출	잔액	지출 별점
				☆☆☆☆☆☆☆☆☆☆
				☆☆☆☆☆☆☆☆☆☆
				☆☆☆☆☆☆☆☆☆☆
				☆☆☆☆☆☆☆☆☆☆
				☆☆☆☆☆☆☆☆☆☆
				☆☆☆☆☆☆☆☆☆☆
				☆☆☆☆☆☆☆☆☆☆
소계				냉장고 지도 그리기
2주차 외식비(B)				지금 가지고 있는 것
소계				추가로 구매한 것 / 할 것
2주차 생필품(C)				
				식단 메뉴
소계				
총 지출액(A+B+C)				
잔액				

소비 후 나의 감정기록

매일 체크리스트		/	/	/	/	/	/	/
	☞ 오늘 가계부 썼나요?							
	☞ 구매 전 머니수다 했나요?							
	☞ 냉파 & 집밥 했나요?							
	☞ 하루 살기 금액 실천했나요?							

✦ 머니수다 & 풍요선언 ✦

Q. 꼭 필요한 것이었는가?

Q. 지금 아니면 안 되는 것이었는가?

Q. 먼저 냉장고와 찬장은 열어봤는가? 대체할 것은 없었는가?

Q. 오늘 구매한 것 중 가장 만족 또는 아쉬움을 느끼는 지출은?

Q. 다음에 살 때는 어떤 부분을 먼저 고려하고 싶은가?

✦ 머니수다 & 풍요선언 ✦

이번 주 목표 & 다짐		이번 주 피드백
		무지출　　　　　　　회
		푼돈적립액　　　　　원

변동지출

3주차 식비(A)		예산			
날짜	내용	지출	잔액	지출 별점	소비 후 나의 감정기록
				☆☆☆☆☆☆☆☆☆☆	
				☆☆☆☆☆☆☆☆☆☆	
				☆☆☆☆☆☆☆☆☆☆	
				☆☆☆☆☆☆☆☆☆☆	
				☆☆☆☆☆☆☆☆☆☆	
				☆☆☆☆☆☆☆☆☆☆	
				☆☆☆☆☆☆☆☆☆☆	
소계				**냉장고 지도 그리기**	
3주차 외식비(B)				**지금 가지고 있는 것**	
소계					
3주차 생필품(C)				**추가로 구매한 것 / 할 것**	
				식단 메뉴	
소계					
총 지출액(A+B+C)					
잔액					

매일 체크리스트		/	/	/	/	/	/	/
	☛ 오늘 가계부 썼나요?							
	☛ 구매 전 머니수다 했나요?							
	☛ 냉파 & 집밥 했나요?							
	☛ 하루 살기 금액 실천했나요?							

✦ 머니수다 & 풍요선언 ✦

Q. 꼭 필요한 것이었는가?

Q. 지금 아니면 안 되는 것이었는가?

Q. 먼저 냉장고와 찬장은 열어봤는가? 대체할 것은 없었는가?

Q. 오늘 구매한 것 중 가장 만족 또는 아쉬움을 느끼는 지출은?

Q. 다음에 살 때는 어떤 부분을 먼저 고려하고 싶은가?

✦ 머니수다 & 풍요선언 ✦

이번 주 목표 & 다짐	이번 주 피드백	
	무지출	회
	푼돈적립액	원

변동지출

4주차 식비(A)		예산			
날짜	내용	지출	잔액	지출 별점	소비 후 나의 감정기록
				☆☆☆☆☆☆☆☆☆☆	
				☆☆☆☆☆☆☆☆☆☆	
				☆☆☆☆☆☆☆☆☆☆	
				☆☆☆☆☆☆☆☆☆☆	
				☆☆☆☆☆☆☆☆☆☆	
				☆☆☆☆☆☆☆☆☆☆	
				☆☆☆☆☆☆☆☆☆☆	
소계				냉장고 지도 그리기	
4주차 외식비(B)				지금 가지고 있는 것	
소계					
4주차 생필품(C)				추가로 구매한 것 / 할 것	
				식단 메뉴	
소계					
총 지출액(A+B+C)					
잔액					

매일 체크리스트		/	/	/	/	/	/	/
	☛ 오늘 가계부 썼나요?							
	☛ 구매 전 머니수다 했나요?							
	☛ 냉파 & 집밥 했나요?							
	☛ 하루 살기 금액 실천했나요?							

✦ 머니수다 & 풍요선언 ✦

Q. 꼭 필요한 것이었는가?

Q. 지금 아니면 안 되는 것이었는가?

Q. 먼저 냉장고와 찬장은 열어봤는가? 대체할 것은 없었는가?

Q. 오늘 구매한 것 중 가장 만족 또는 아쉬움을 느끼는 지출은?

Q. 다음에 살 때는 어떤 부분을 먼저 고려하고 싶은가?

✦ 머니수다 & 풍요선언 ✦

이번 주 목표 & 다짐	이번 주 피드백	
	무지출	회
	푼돈적립액	원
	이번달 총	회
	이번달 총	원

변동지출

5주차 식비(A)		예산		지출 별점	소비 후 나의 감정기록
날짜	내용	지출	잔액		
				☆☆☆☆☆☆☆☆☆☆	
				☆☆☆☆☆☆☆☆☆☆	
				☆☆☆☆☆☆☆☆☆☆	
				☆☆☆☆☆☆☆☆☆☆	
				☆☆☆☆☆☆☆☆☆☆	
				☆☆☆☆☆☆☆☆☆☆	
				☆☆☆☆☆☆☆☆☆☆	
소계				냉장고 지도 그리기	
5주차 외식비(B)				지금 가지고 있는 것	
소계					
5주차 생필품(C)				추가로 구매한 것 / 할 것	
				식단 메뉴	
소계					
총 지출액(A+B+C)					
잔액					

매일 체크리스트		/	/	/	/	/	/	/
	☞ 오늘 가계부 썼나요?							
	☞ 구매 전 머니수다 했나요?							
	☞ 냉파 & 집밥 했나요?							
	☞ 하루 살기 금액 실천했나요?							

✦ 머니수다 & 풍요선언 ✦

Q. 꼭 필요한 것이었는가?

Q. 지금 아니면 안 되는 것이었는가?

Q. 먼저 냉장고와 찬장은 열어봤는가? 대체할 것은 없었는가?

Q. 오늘 구매한 것 중 가장 만족 또는 아쉬움을 느끼는 지출은?

Q. 다음에 살 때는 어떤 부분을 먼저 고려하고 싶은가?

✦ 머니수다 & 풍요선언 ✦

월 결산					
지출				수입	
구분	항목	예산	결산	항목	결산
대출상환	소비성 빚 갚기			근로소득	
저축	정기저축			정기소득	
	비정기저축			비정기소득	
저축 총액				이자소득	
고정지출	주거비/공과금			배당소득	
	용돈			사업소득	
	보험료			연금소득	
	후원			임대소득	
	교제비			기타소득	
	의료비			푼돈재테크 (푼돈목돈통장)	
	경조사				
	양육/교육비				
	교통비				
	꾸밈비(이미용)				
	문화생활/여가				
	기타지출				
	꿈지출/자기계발				
	예비비				
고정지출 총액				수입 총액	
변동지출	식비				
	외식비				
	생필품비				
변동지출 총액				월 잔액	
지출 총액 (소비성빚갚기+저축총액+고정지출총액+변동지출총액)					

머니잇수다 가계부 결산 셀프 피드백

이번 달

가장 금액이 큰 소비항목 5가지 리스트 (예산 대비 초과 지출된 항목은?)

가장 금액이 적은 소비항목 5가지 리스트

가장 만족도가 높은 소비 항목은?

가장 아쉬운 소비 항목은?

나를 위한 선물은 무엇이었는가?

다음 달

새로운 가계부 예산 목표는?

새롭게 늘리거나 꼭 줄여보고 싶은 항목은?

절약에 성공한 나를 위해 주고 싶은 선물은 무엇인가?

집밥이 최고의 재테크!

일 주 일 집 밥 냉장고 지도

위치	현재 가지고 있는 식재료
냉동실	
냉장실	
찬장/펜트리	
집밥 메뉴	
장 볼 품목	

년   월

일	월	화	수	목	금	토

✦ 이 달의 수입은?	
✦ 소비성 빚 갚기 목표액은?	
✦ 저축 목표액은?	
✦ 고정지출(공과금, 월세, 보험료 등) 예산은?	
✦ 변동지출(생활비) 예산은?	

머니잇수다 가계부 월 계획표

월

_____ 년 이루고자 하는 꿈은 무엇인가요?	
꿈을 이루기 위한 이번 달 목표는 무엇인가요?	
목표를 이루기 위해 이번 달에 꼭 해야 할 3가지는?	
이번 달 가계부 저축 목표는?	
이번 달에 집중해서 절약하고 싶은 내용은?	
이번 달에 중요한 이벤트(행사)는 무엇인가요?	
이번 달에 꼭 구매해야 할 것이 있나요?	
이번 달 나의 다짐	
나의 풍요 확언	

수입			대출 상환 (빚 갚기)		
1. 근로소득			**1. 소비성 빚 갚기**		
날짜	내용	금액	날짜	내용	금액
	소계			소계	
2. 기타소득 – 정기			저축		
			1. 정기저축		
	소계			소계	
3. 기타소득 – 비정기 수입(부수입)			**2. 비정기저축**		
	소계			소계	

고정지출

1. 주거비/공과금			4. 후원		
날짜	내용	금액	날짜	내용	금액
	소계			소계	
2. 용돈			5. 교제비		
	소계			소계	
3. 보험			6. 의료비		
	소계			소계	

고정지출					
7. 경조사			10. 꾸밈비(이미용)		
날짜	내용	금액	날짜	내용	금액
	소계			소계	
8. 양육/교육비			11. 문화생활/여가비		
	소계			소계	
9. 교통비			12. 기타지출		
	소계			소계	

고정지출					
13. 꿈지출			**16.**		
날짜	내용	금액	날짜	내용	금액
소계			소계		
14. 예비비			**17.**		
소계			소계		
15.			**18.**		
소계			소계		

돈의 흐름이 보이는 경제 지표

월

금리 기록	
미국	
한국	

날짜	코스피	다우지수	환율	유가	경제기사 헤드라인 / 비고
/					
/					
/					
/					
/					
/					
/					
/					
/					
/					
/					
/					
/					
/					
/					
/					
/					
/					
/					
/					
/					
/					
/					
/					
/					
/					

이번 주 목표 & 다짐	이번 주 피드백	
	무지출	회
	푼돈적립액	원

변동지출

1주차 식비(A)		예산			
날짜	내용	지출	잔액	지출 별점	소비 후 나의 감정기록
				☆☆☆☆☆☆☆☆☆☆	
				☆☆☆☆☆☆☆☆☆☆	
				☆☆☆☆☆☆☆☆☆☆	
				☆☆☆☆☆☆☆☆☆☆	
				☆☆☆☆☆☆☆☆☆☆	
				☆☆☆☆☆☆☆☆☆☆	
				☆☆☆☆☆☆☆☆☆☆	
소계				냉장고 지도 그리기	
1주차 외식비(B)				지금 가지고 있는 것	
소계					
1주차 생필품(C)				추가로 구매한 것 / 할 것	
				식단 메뉴	
소계					
총 지출액(A+B+C)					
잔액					

매일 체크리스트		/	/	/	/	/	/	/
	☞ 오늘 가계부 썼나요?							
	☞ 구매 전 머니수다 했나요?							
	☞ 냉파 & 집밥 했나요?							
	☞ 하루 살기 금액 실천했나요?							

✦ 머니수다 & 풍요선언 ✦

Q. 꼭 필요한 것이었는가?

Q. 지금 아니면 안 되는 것이었는가?

Q. 먼저 냉장고와 찬장은 열어봤는가? 대체할 것은 없었는가?

Q. 오늘 구매한 것 중 가장 만족 또는 아쉬움을 느끼는 지출은?

Q. 다음에 살 때는 어떤 부분을 먼저 고려하고 싶은가?

✦ 머니수다 & 풍요선언 ✦

이번 주 목표 & 다짐	이번 주 피드백	
	무지출	회
	푼돈적립액	원

변동지출

2주차 식비(A)		예산			
날짜	내용	지출	잔액	지출 별점	소비 후 나의 감정기록
				☆☆☆☆☆☆☆☆☆☆	
				☆☆☆☆☆☆☆☆☆☆	
				☆☆☆☆☆☆☆☆☆☆	
				☆☆☆☆☆☆☆☆☆☆	
				☆☆☆☆☆☆☆☆☆☆	
				☆☆☆☆☆☆☆☆☆☆	
				☆☆☆☆☆☆☆☆☆☆	
소계				냉장고 지도 그리기	
2주차 외식비(B)				지금 가지고 있는 것	
소계					
2주차 생필품(C)				추가로 구매한 것 / 할 것	
				식단 메뉴	
소계					
총 지출액(A+B+C)					
잔액					

매일 체크리스트		/	/	/	/	/	/	/
	☛ 오늘 가계부 썼나요?							
	☛ 구매 전 머니수다 했나요?							
	☛ 냉파 & 집밥 했나요?							
	☛ 하루 살기 금액 실천했나요?							

✦ 머니수다 & 풍요선언 ✦

Q. 꼭 필요한 것이었는가?

Q. 지금 아니면 안 되는 것이었는가?

Q. 먼저 냉장고와 찬장은 열어봤는가? 대체할 것은 없었는가?

Q. 오늘 구매한 것 중 가장 만족 또는 아쉬움을 느끼는 지출은?

Q. 다음에 살 때는 어떤 부분을 먼저 고려하고 싶은가?

✦ 머니수다 & 풍요선언 ✦

이번 주 목표 & 다짐	이번 주 피드백
	무지출 회
	푼돈적립액 원

변동지출

3주차 식비(A)		예산			
날짜	내용	지출	잔액	지출 별점	소비 후 나의 감정기록
				☆☆☆☆☆☆☆☆☆☆	
				☆☆☆☆☆☆☆☆☆☆	
				☆☆☆☆☆☆☆☆☆☆	
				☆☆☆☆☆☆☆☆☆☆	
				☆☆☆☆☆☆☆☆☆☆	
				☆☆☆☆☆☆☆☆☆☆	
				☆☆☆☆☆☆☆☆☆☆	
소계				냉장고 지도 그리기	
3주차 외식비(B)				지금 가지고 있는 것	
소계					
3주차 생필품(C)				추가로 구매한 것 / 할 것	
소계				식단 메뉴	
총 지출액(A+B+C)					
잔액					

매일 체크리스트		/	/	/	/	/	/	/
	☞ 오늘 가계부 썼나요?							
	☞ 구매 전 머니수다 했나요?							
	☞ 냉파 & 집밥 했나요?							
	☞ 하루 살기 금액 실천했나요?							

✦ 머니수다 & 풍요선언 ✦

Q. 꼭 필요한 것이었는가?

Q. 지금 아니면 안 되는 것이었는가?

Q. 먼저 냉장고와 찬장은 열어봤는가? 대체할 것은 없었는가?

Q. 오늘 구매한 것 중 가장 만족 또는 아쉬움을 느끼는 지출은?

Q. 다음에 살 때는 어떤 부분을 먼저 고려하고 싶은가?

✦ 머니수다 & 풍요선언 ✦

이번 주 목표 & 다짐	이번 주 피드백
	무지출 회
	푼돈적립액 원

변동지출

4주차 식비(A)		예산		,	
날짜	내용	지출	잔액	지출 별점	소비 후 나의 감정기록
				☆☆☆☆☆☆☆☆☆☆	
				☆☆☆☆☆☆☆☆☆☆	
				☆☆☆☆☆☆☆☆☆☆	
				☆☆☆☆☆☆☆☆☆☆	
				☆☆☆☆☆☆☆☆☆☆	
				☆☆☆☆☆☆☆☆☆☆	
				☆☆☆☆☆☆☆☆☆☆	
소계				냉장고 지도 그리기	
4주차 외식비(B)				지금 가지고 있는 것	
소계					
4주차 생필품(C)				추가로 구매한 것 / 할 것	
				식단 메뉴	
소계					
총 지출액(A+B+C)					
잔액					

매일 체크리스트		/	/	/	/	/	/	/
	❤ 오늘 가계부 썼나요?							
	❤ 구매 전 머니수다 했나요?							
	❤ 냉파 & 집밥 했나요?							
	❤ 하루 살기 금액 실천했나요?							

✦ 머니수다 & 풍요선언 ✦

Q. 꼭 필요한 것이었는가?

Q. 지금 아니면 안 되는 것이었는가?

Q. 먼저 냉장고와 찬장은 열어봤는가? 대체할 것은 없었는가?

Q. 오늘 구매한 것 중 가장 만족 또는 아쉬움을 느끼는 지출은?

Q. 다음에 살 때는 어떤 부분을 먼저 고려하고 싶은가?

✦ 머니수다 & 풍요선언 ✦

이번 주 목표 & 다짐			이번 주 피드백		
			무지출		회
			푼돈적립액		원
			이번달 총		회
			이번달 총		원

변동지출

5주차 식비(A)		예산			
날짜	내용	지출	잔액	지출 별점	
				☆☆☆☆☆☆☆☆☆☆	소비 후 나의 감정기록
				☆☆☆☆☆☆☆☆☆☆	
				☆☆☆☆☆☆☆☆☆☆	
				☆☆☆☆☆☆☆☆☆☆	
				☆☆☆☆☆☆☆☆☆☆	
				☆☆☆☆☆☆☆☆☆☆	
				☆☆☆☆☆☆☆☆☆☆	
소계				냉장고 지도 그리기	
5주차 외식비(B)				지금 가지고 있는 것	
소계					
5주차 생필품(C)				추가로 구매한 것 / 할 것	
				식단 메뉴	
소계					
총 지출액(A+B+C)					
잔액					

매일 체크리스트		/	/	/	/	/	/	/
	☞ 오늘 가계부 썼나요?							
	☞ 구매 전 머니수다 했나요?							
	☞ 냉파 & 집밥 했나요?							
	☞ 하루 살기 금액 실천했나요?							

✦ 머니수다 & 풍요선언 ✦

Q. 꼭 필요한 것이었는가?

Q. 지금 아니면 안 되는 것이었는가?

Q. 먼저 냉장고와 찬장은 열어봤는가? 대체할 것은 없었는가?

Q. 오늘 구매한 것 중 가장 만족 또는 아쉬움을 느끼는 지출은?

Q. 다음에 살 때는 어떤 부분을 먼저 고려하고 싶은가?

✦ 머니수다 & 풍요선언 ✦

월 결산					
지출				수입	
구분	항목	예산	결산	항목	결산
대출상환	소비성 빚 갚기			근로소득	
저축	정기저축			정기소득	
	비정기저축			비정기소득	
저축 총액				이자소득	
고정지출	주거비/공과금			배당소득	
	용돈			사업소득	
	보험료			연금소득	
	후원			임대소득	
	교제비			기타소득	
	의료비			푼돈재테크 (푼돈목돈통장)	
	경조사				
	양육/교육비				
	교통비				
	꾸밈비(이미용)				
	문화생활/여가				
	기타지출				
	꿈지출/자기계발				
	예비비				
고정지출 총액				수입 총액	
변동지출	식비				
	외식비				
	생필품비				
변동지출 총액				월 잔액	
지출 총액 (소비성빚갚기+저축총액+고정지출총액+변동지출총액)					

머니잇수다 가계부 결산 셀프 피드백

이번 달

가장 금액이 큰 소비항목 5가지 리스트 (예산 대비 초과 지출된 항목은?)

가장 금액이 적은 소비항목 5가지 리스트

가장 만족도가 높은 소비 항목은?

가장 아쉬운 소비 항목은?

나를 위한 선물은 무엇이었는가?

다음 달

새로운 가계부 예산 목표는?

새롭게 늘리거나 꼭 줄여보고 싶은 항목은?

절약에 성공한 나를 위해 주고 싶은 선물은 무엇인가?

집밥이 최고의 재테크!

일 주 일 집 밥 냉장고 지도

위치	현재 가지고 있는 식재료
냉동실	
냉장실	
찬장/펜트리	
집밥 메뉴	
장 볼 품목	

년   월

일	월	화	수	목	금	토

✦ 이 달의 수입은?	
✦ 소비성 빚 갚기 목표액은?	
✦ 저축 목표액은?	
✦ 고정지출(공과금, 월세, 보험료 등) 예산은?	
✦ 변동지출(생활비) 예산은?	

머니잇수다 가계부 월 계획표

월

_____ 년 이루고자 하는 꿈은 무엇인가요?	
꿈을 이루기 위한 이번 달 목표는 무엇인가요?	
목표를 이루기 위해 이번 달에 꼭 해야 할 3가지는?	
이번 달 가계부 저축 목표는?	
이번 달에 집중해서 절약하고 싶은 내용은?	
이번 달에 중요한 이벤트(행사)는 무엇인가요?	
이번 달에 꼭 구매해야 할 것이 있나요?	
이번 달 나의 다짐	
나의 풍요 확언	

수입			대출 상환 (빚 갚기)		
1. 근로소득			**1. 소비성 빛 갚기**		
날짜	내용	금액	날짜	내용	금액
	소계			소계	
2. 기타소득 – 정기			저축		
			1. 정기저축		
	소계			소계	
3. 기타소득 – 비정기 수입(부수입)			**2. 비정기저축**		
	소계			소계	

고정지출					

1. 주거비/공과금			4. 후원		
날짜	내용	금액	날짜	내용	금액
소계			소계		
2. 용돈			5. 교제비		
소계			소계		
3. 보험			6. 의료비		
소계			소계		

고정지출					
7. 경조사			**10. 꾸밈비(이미용)**		
날짜	내용	금액	날짜	내용	금액
	소계			소계	
8. 양육/교육비			**11. 문화생활/여가비**		
	소계			소계	
9. 교통비			**12. 기타지출**		
	소계			소계	

고정지출

13. 꿈지출			16.		
날짜	내용	금액	날짜	내용	금액
소계			소계		
14. 예비비			17.		
소계			소계		
15.			18.		
소계			소계		

돈의 흐름이 보이는 경제 지표

월

금리 기록	
미국	
한국	

날짜	코스피	다우지수	환율	유가	경제기사 헤드라인 / 비고
/					
/					
/					
/					
/					
/					
/					
/					
/					
/					
/					
/					
/					
/					
/					
/					
/					
/					
/					
/					
/					
/					
/					
/					
/					

이번 주 목표 & 다짐	이번 주 피드백	
	무지출	회
	푼돈적립액	원

변동지출					소비 후 나의 감정기록
1주차 식비(A)		예산			
날짜	내용	지출	잔액	지출 별점	
				☆☆☆☆☆☆☆☆☆☆	
				☆☆☆☆☆☆☆☆☆☆	
				☆☆☆☆☆☆☆☆☆☆	
				☆☆☆☆☆☆☆☆☆☆	
				☆☆☆☆☆☆☆☆☆☆	
				☆☆☆☆☆☆☆☆☆☆	
				☆☆☆☆☆☆☆☆☆☆	
소계				냉장고 지도 그리기	
1주차 외식비(B)				지금 가지고 있는 것	
소계					
1주차 생필품(C)				추가로 구매한 것 / 할 것	
소계				식단 메뉴	
총 지출액(A+B+C)					
잔액					

매일 체크리스트		/	/	/	/	/	/	/
	☞ 오늘 가계부 썼나요?							
	☞ 구매 전 머니수다 했나요?							
	☞ 냉파 & 집밥 했나요?							
	☞ 하루 살기 금액 실천했나요?							

✦ 머니수다 & 풍요선언 ✦

Q. 꼭 필요한 것이었는가?

Q. 지금 아니면 안 되는 것이었는가?

Q. 먼저 냉장고와 찬장은 열어봤는가? 대체할 것은 없었는가?

Q. 오늘 구매한 것 중 가장 만족 또는 아쉬움을 느끼는 지출은?

Q. 다음에 살 때는 어떤 부분을 먼저 고려하고 싶은가?

✦ 머니수다 & 풍요선언 ✦

이번 주 목표 & 다짐	이번 주 피드백
	무지출 회
	푼돈적립액 원

변동지출

2주차 식비(A)		예산			
날짜	내용	지출	잔액	지출 별점	소비 후 나의 감정기록
				☆☆☆☆☆☆☆☆☆☆	
				☆☆☆☆☆☆☆☆☆☆	
				☆☆☆☆☆☆☆☆☆☆	
				☆☆☆☆☆☆☆☆☆☆	
				☆☆☆☆☆☆☆☆☆☆	
				☆☆☆☆☆☆☆☆☆☆	
				☆☆☆☆☆☆☆☆☆☆	
소계				냉장고 지도 그리기	
2주차 외식비(B)				지금 가지고 있는 것	
소계					
2주차 생필품(C)				추가로 구매한 것 / 할 것	
				식단 메뉴	
소계					
총 지출액(A+B+C)					
. 잔액					

매일 체크리스트		/	/	/	/	/	/	/
	☛ 오늘 가계부 썼나요?							
	☛ 구매 전 머니수다 했나요?							
	☛ 냉파 & 집밥 했나요?							
	☛ 하루 살기 금액 실천했나요?							

✦ 머니수다 & 풍요선언 ✦

Q. 꼭 필요한 것이었는가?

Q. 지금 아니면 안 되는 것이었는가?

Q. 먼저 냉장고와 찬장은 열어봤는가? 대체할 것은 없었는가?

Q. 오늘 구매한 것 중 가장 만족 또는 아쉬움을 느끼는 지출은?

Q. 다음에 살 때는 어떤 부분을 먼저 고려하고 싶은가?

✦ 머니수다 & 풍요선언 ✦

이번 주 목표 & 다짐	이번 주 피드백
	무지출 회
	푼돈적립액 원

변동지출

3주차 식비(A)		예산		지출 별점	소비 후 나의 감정기록
날짜	내용	지출	잔액		
				☆☆☆☆☆☆☆☆☆☆	
				☆☆☆☆☆☆☆☆☆☆	
				☆☆☆☆☆☆☆☆☆☆	
				☆☆☆☆☆☆☆☆☆☆	
				☆☆☆☆☆☆☆☆☆☆	
				☆☆☆☆☆☆☆☆☆☆	
				☆☆☆☆☆☆☆☆☆☆	
소계				**냉장고 지도 그리기**	
3주차 외식비(B)				지금 가지고 있는 것	
소계					
3주차 생필품(C)				추가로 구매한 것 / 할 것	
				식단 메뉴	
소계					
총 지출액(A+B+C)					
잔액					

매일 체크리스트		/	/	/	/	/	/	/
	☛ 오늘 가계부 썼나요?							
	☛ 구매 전 머니수다 했나요?							
	☛ 냉파 & 집밥 했나요?							
	☛ 하루 살기 금액 실천했나요?							

✦ 머니수다 & 풍요선언 ✦

Q. 꼭 필요한 것이었는가?

Q. 지금 아니면 안 되는 것이었는가?

Q. 먼저 냉장고와 찬장은 열어봤는가? 대체할 것은 없었는가?

Q. 오늘 구매한 것 중 가장 만족 또는 아쉬움을 느끼는 지출은?

Q. 다음에 살 때는 어떤 부분을 먼저 고려하고 싶은가?

✦ 머니수다 & 풍요선언 ✦

이번 주 목표 & 다짐	이번 주 피드백
	무지출 회
	푼돈적립액 원

변동지출

4주차 식비(A)		예산			
날짜	내용	지출	잔액	지출 별점	소비 후 나의 감정기록
				☆☆☆☆☆☆☆☆☆☆	
				☆☆☆☆☆☆☆☆☆☆	
				☆☆☆☆☆☆☆☆☆☆	
				☆☆☆☆☆☆☆☆☆☆	
				☆☆☆☆☆☆☆☆☆☆	
				☆☆☆☆☆☆☆☆☆☆	
				☆☆☆☆☆☆☆☆☆☆	
소계				냉장고 지도 그리기	
4주차 외식비(B)				지금 가지고 있는 것	
소계					
4주차 생필품(C)				추가로 구매한 것 / 할 것	
				식단 메뉴	
소계					
총 지출액(A+B+C)					
잔액					

매일 체크리스트		/	/	/	/	/	/	/
	☛ 오늘 가계부 썼나요?							
	☛ 구매 전 머니수다 했나요?							
	☛ 냉파 & 집밥 했나요?							
	☛ 하루 살기 금액 실천했나요?							

✦ 머니수다 & 풍요선언 ✦

Q. 꼭 필요한 것이었는가?

Q. 지금 아니면 안 되는 것이었는가?

Q. 먼저 냉장고와 찬장은 열어봤는가? 대체할 것은 없었는가?

Q. 오늘 구매한 것 중 가장 만족 또는 아쉬움을 느끼는 지출은?

Q. 다음에 살 때는 어떤 부분을 먼저 고려하고 싶은가?

✦ 머니수다 & 풍요선언 ✦

이번 주 목표 & 다짐	이번 주 피드백
	무지출 회
	푼돈적립액 원
	이번달총 회
	이번달총 원

변동지출

5주차 식비(A)		예산		
날짜	내용	지출	잔액	지출 별점
				☆☆☆☆☆☆☆☆☆☆
				☆☆☆☆☆☆☆☆☆☆
				☆☆☆☆☆☆☆☆☆☆
				☆☆☆☆☆☆☆☆☆☆
				☆☆☆☆☆☆☆☆☆☆
				☆☆☆☆☆☆☆☆☆☆
				☆☆☆☆☆☆☆☆☆☆
소계				냉장고 지도 그리기
5주차 외식비(B)				지금 가지고 있는 것
소계				
5주차 생필품(C)				추가로 구매한 것 / 할 것
				식단 메뉴
소계				
총 지출액(A+B+C)				
잔액				

소비 후 나의 감정기록

매일 체크리스트		/	/	/	/	/	/	/
	☞ 오늘 가계부 썼나요?							
	☞ 구매 전 머니수다 했나요?							
	☞ 냉파 & 집밥 했나요?							
	☞ 하루 살기 금액 실천했나요?							

✦ 머니수다 & 풍요선언 ✦

Q. 꼭 필요한 것이었는가?

Q. 지금 아니면 안 되는 것이었는가?

Q. 먼저 냉장고와 찬장은 열어봤는가? 대체할 것은 없었는가?

Q. 오늘 구매한 것 중 가장 만족 또는 아쉬움을 느끼는 지출은?

Q. 다음에 살 때는 어떤 부분을 먼저 고려하고 싶은가?

✦ 머니수다 & 풍요선언 ✦

월 결산					
지출				수입	
구분	항목	예산	결산	항목	결산
대출상환	소비성 빚 갚기			근로소득	
저축	정기저축			정기소득	
	비정기저축			비정기소득	
저축 총액				이자소득	
고정지출	주거비/공과금			배당소득	
	용돈			사업소득	
	보험료			연금소득	
	후원			임대소득	
	교제비			기타소득	
	의료비			푼돈재테크 (푼돈목돈통장)	
	경조사				
	양육/교육비				
	교통비				
	꾸밈비(이미용)				
	문화생활/여가				
	기타지출				
	꿈지출/자기계발				
	예비비				
고정지출 총액				수입 총액	
변동지출	식비				
	외식비				
	생필품비				
변동지출 총액				월 잔액	
지출 총액 (소비성빚갚기+저축총액+고정지출총액+변동지출총액)					

머니잇수다 가계부 결산 셀프 피드백

이번 달

가장 금액이 큰 소비항목 5가지 리스트 (예산 대비 초과 지출된 항목은?)

가장 금액이 적은 소비항목 5가지 리스트

가장 만족도가 높은 소비 항목은?

가장 아쉬운 소비 항목은?

나를 위한 선물은 무엇이었는가?

다음 달

새로운 가계부 예산 목표는?

새롭게 늘리거나 꼭 줄여보고 싶은 항목은?

절약에 성공한 나를 위해 주고 싶은 선물은 무엇인가?

집밥이 최고의 재테크!

일 주 일 집 밥 냉장고 지도

위치	현재 가지고 있는 식재료
냉동실	
냉장실	
찬장/펜트리	
집밥 메뉴	
장 볼 품목	

일	월	화	수	목	금	토

✦ 이 달의 수입은?

✦ 소비성 빚 갚기 목표액은?

✦ 저축 목표액은?

✦ 고정지출(공과금, 월세, 보험료 등) 예산은?

✦ 변동지출(생활비) 예산은?

머니잇수다 가계부 월 계획표

월

_____ 년 이루고자 하는 꿈은 무엇인가요?	
꿈을 이루기 위한 이번 달 목표는 무엇인가요?	
목표를 이루기 위해 이번 달에 꼭 해야 할 3가지는?	
이번 달 가계부 저축 목표는?	
이번 달에 집중해서 절약하고 싶은 내용은?	
이번 달에 중요한 이벤트(행사)는 무엇인가요?	
이번 달에 꼭 구매해야 할 것이 있나요?	
이번 달 나의 다짐	
나의 풍요 확언	

수입			대출 상환 (빛 갚기)		
1. 근로소득			1. 소비성 빛 갚기		
날짜	내용	금액	날짜	내용	금액
소계			소계		
2. 기타소득 – 정기			저축		
			1. 정기저축		
소계			소계		
3. 기타소득 – 비정기 수입(부수입)			2. 비정기저축		
소계			소계		

고정지출					
1. 주거비/공과금			**4. 후원**		
날짜	내용	금액	날짜	내용	금액
소계			소계		
2. 용돈			**5. 교제비**		
소계			소계		
3. 보험			**6. 의료비**		
소계			소계		

고정지출					
7. 경조사			10. 꾸밈비(이미용)		
날짜	내용	금액	날짜	내용	금액
소계			소계		
8. 양육/교육비			11. 문화생활/여가비		
소계			소계		
9. 교통비			12. 기타지출		
소계			소계		

고정지출

13. 꿈지출			16.		
날짜	내용	금액	날짜	내용	금액
	소계			소계	
14. 예비비			17.		
	소계			소계	
15.			18.		
	소계			소계	

돈의 흐름이 보이는 경제 지표

월

금리 기록	
미국	
한국	

날짜	코스피	다우지수	환율	유가	경제기사 헤드라인 / 비고
/					
/					
/					
/					
/					
/					
/					
/					
/					
/					
/					
/					
/					
/					
/					
/					
/					
/					
/					
/					
/					
/					
/					
/					
/					
/					

이번 주 목표 & 다짐	이번 주 피드백
	무지출 회
	푼돈적립액 원

변동지출

1주차 식비(A)		예산		
날짜	내용	지출	잔액	지출 별점
				☆☆☆☆☆☆☆☆☆☆
				☆☆☆☆☆☆☆☆☆☆
				☆☆☆☆☆☆☆☆☆☆
				☆☆☆☆☆☆☆☆☆☆
				☆☆☆☆☆☆☆☆☆☆
				☆☆☆☆☆☆☆☆☆☆
				☆☆☆☆☆☆☆☆☆☆
소계				냉장고 지도 그리기
1주차 외식비(B)				지금 가지고 있는 것
소계				
1주차 생필품(C)				추가로 구매한 것 / 할 것
				식단 메뉴
소계				
총 지출액(A+B+C)				
잔액				

소비 후 나의 감정기록

매일 체크리스트		/	/	/	/	/	/	/
	☛ 오늘 가계부 썼나요?							
	☛ 구매 전 머니수다 했나요?							
	☛ 냉파 & 집밥 했나요?							
	☛ 하루 살기 금액 실천했나요?							

✦ 머니수다 & 풍요선언 ✦

Q. 꼭 필요한 것이었는가?

Q. 지금 아니면 안 되는 것이었는가?

Q. 먼저 냉장고와 찬장은 열어봤는가? 대체할 것은 없었는가?

Q. 오늘 구매한 것 중 가장 만족 또는 아쉬움을 느끼는 지출은?

Q. 다음에 살 때는 어떤 부분을 먼저 고려하고 싶은가?

✦ 머니수다 & 풍요선언 ✦

이번 주 목표 & 다짐	이번 주 피드백
	무지출 회
	푼돈적립액 원

변동지출

2주차 식비(A)		예산			
날짜	내용	지출	잔액	지출 별점	소비 후 나의 감정기록
				☆☆☆☆☆☆☆☆☆☆	
				☆☆☆☆☆☆☆☆☆☆	
				☆☆☆☆☆☆☆☆☆☆	
				☆☆☆☆☆☆☆☆☆☆	
				☆☆☆☆☆☆☆☆☆☆	
				☆☆☆☆☆☆☆☆☆☆	
				☆☆☆☆☆☆☆☆☆☆	
소계				냉장고 지도 그리기	
2주차 외식비(B)				지금 가지고 있는 것	
소계					
2주차 생필품(C)				추가로 구매한 것 / 할 것	
				식단 메뉴	
소계					
총 지출액(A+B+C)					
잔액					

매일 체크리스트		/	/	/	/	/	/	/
	☛ 오늘 가계부 썼나요?							
	☛ 구매 전 머니수다 했나요?							
	☛ 냉파 & 집밥 했나요?							
	☛ 하루 살기 금액 실천했나요?							

116

✦ 머니수다 & 풍요선언 ✦

Q. 꼭 필요한 것이었는가?

Q. 지금 아니면 안 되는 것이었는가?

Q. 먼저 냉장고와 찬장은 열어봤는가? 대체할 것은 없었는가?

Q. 오늘 구매한 것 중 가장 만족 또는 아쉬움을 느끼는 지출은?

Q. 다음에 살 때는 어떤 부분을 먼저 고려하고 싶은가?

✦ 머니수다 & 풍요선언 ✦

이번 주 목표 & 다짐	이번 주 피드백
	무지출 회
	푼돈적립액 원

변동지출

3주차 식비(A)		예산			소비 후 나의 감정기록
날짜	내용	지출	잔액	지출 별점	
				☆☆☆☆☆☆☆☆☆☆	
				☆☆☆☆☆☆☆☆☆☆	
				☆☆☆☆☆☆☆☆☆☆	
				☆☆☆☆☆☆☆☆☆☆	
				☆☆☆☆☆☆☆☆☆☆	
				☆☆☆☆☆☆☆☆☆☆	
				☆☆☆☆☆☆☆☆☆☆	
소계				냉장고 지도 그리기	
3주차 외식비(B)				지금 가지고 있는 것	
소계					
3주차 생필품(C)				추가로 구매한 것 / 할 것	
				식단 메뉴	
소계					
총 지출액(A+B+C)					
잔액					

매일 체크리스트		/	/	/	/	/	/	/
	☛ 오늘 가계부 썼나요?							
	☛ 구매 전 머니수다 했나요?							
	☛ 냉파 & 집밥 했나요?							
	☛ 하루 살기 금액 실천했나요?							

✦ 머니수다 & 풍요선언 ✦

Q. 꼭 필요한 것이었는가?

Q. 지금 아니면 안 되는 것이었는가?

Q. 먼저 냉장고와 찬장은 열어봤는가? 대체할 것은 없었는가?

Q. 오늘 구매한 것 중 가장 만족 또는 아쉬움을 느끼는 지출은?

Q. 다음에 살 때는 어떤 부분을 먼저 고려하고 싶은가?

✦ 머니수다 & 풍요선언 ✦

이번 주 목표 & 다짐	이번 주 피드백
	무지출 회
	푼돈적립액 원

변동지출

4주차 식비(A) 예산

날짜	내용	지출	잔액	지출 별점	소비 후 나의 감정기록
				☆☆☆☆☆☆☆☆☆☆	
				☆☆☆☆☆☆☆☆☆☆	
				☆☆☆☆☆☆☆☆☆☆	
				☆☆☆☆☆☆☆☆☆☆	
				☆☆☆☆☆☆☆☆☆☆	
				☆☆☆☆☆☆☆☆☆☆	
				☆☆☆☆☆☆☆☆☆☆	
소계				냉장고 지도 그리기	

4주차 외식비(B)

				지금 가지고 있는 것	
소계					

4주차 생필품(C)

				추가로 구매한 것 / 할 것	
				식단 메뉴	
소계					
총 지출액(A+B+C)					
잔액					

매일 체크리스트		/	/	/	/	/	/	/
	☛ 오늘 가계부 썼나요?							
	☛ 구매 전 머니수다 했나요?							
	☛ 냉파 & 집밥 했나요?							
	☛ 하루 살기 금액 실천했나요?							

✦ 머니수다 & 풍요선언 ✦

Q. 꼭 필요한 것이었는가?

Q. 지금 아니면 안 되는 것이었는가?

Q. 먼저 냉장고와 찬장은 열어봤는가? 대체할 것은 없었는가?

Q. 오늘 구매한 것 중 가장 만족 또는 아쉬움을 느끼는 지출은?

Q. 다음에 살 때는 어떤 부분을 먼저 고려하고 싶은가?

✦ 머니수다 & 풍요선언 ✦

이번 주 목표 & 다짐				이번 주 피드백	
				무지출	회
				푼돈적립액	원
				이번달총	회
				이번달총	원

변동지출

5주차 식비(A)		예산			
날짜	내용	지출	잔액	지출 별점	소비 후 나의 감정기록
				☆☆☆☆☆☆☆☆☆☆	
				☆☆☆☆☆☆☆☆☆☆	
				☆☆☆☆☆☆☆☆☆☆	
				☆☆☆☆☆☆☆☆☆☆	
				☆☆☆☆☆☆☆☆☆☆	
				☆☆☆☆☆☆☆☆☆☆	
				☆☆☆☆☆☆☆☆☆☆	
	소계			냉장고 지도 그리기	
5주차 외식비(B)				지금 가지고 있는 것	
	소계			추가로 구매한 것 / 할 것	
5주차 생필품(C)					
				식단 메뉴	
	소계				
총 지출액(A+B+C)					
잔액					

매일 체크리스트		/	/	/	/	/	/	/
	☛ 오늘 가계부 썼나요?							
	☛ 구매 전 머니수다 했나요?							
	☛ 냉파 & 집밥 했나요?							
	☛ 하루 살기 금액 실천했나요?							

✦ 머니수다 & 풍요선언 ✦

Q. 꼭 필요한 것이었는가?

Q. 지금 아니면 안 되는 것이었는가?

Q. 먼저 냉장고와 찬장은 열어봤는가? 대체할 것은 없었는가?

Q. 오늘 구매한 것 중 가장 만족 또는 아쉬움을 느끼는 지출은?

Q. 다음에 살 때는 어떤 부분을 먼저 고려하고 싶은가?

✦ 머니수다 & 풍요선언 ✦

지출
예산

월 결산					
지출				수입	
구분	항목	예산	결산	항목	결산
대출상환	소비성 빚 갚기			근로소득	
저축	정기저축			정기소득	
	비정기저축			비정기소득	
저축 총액				이자소득	
고정지출	주거비/공과금			배당소득	
	용돈			사업소득	
	보험료			연금소득	
	후원			임대소득	
	교제비			기타소득	
	의료비			푼돈재테크 (푼돈목돈통장)	
	경조사				
	양육/교육비				
	교통비				
	꾸밈비(이미용)				
	문화생활/여가				
	기타지출				
	꿈지출/자기계발				
	예비비				
고정지출 총액				수입 총액	
변동지출	식비				
	외식비				
	생필품비				
변동지출 총액				월 잔액	
지출 총액 (소비성빚갚기+저축총액+고정지출총액+변동지출총액)					

머니잇수다 가계부 결산 셀프 피드백

이번 달

가장 금액이 큰 소비항목 5가지 리스트 (예산 대비 초과 지출된 항목은?)

가장 금액이 적은 소비항목 5가지 리스트

가장 만족도가 높은 소비 항목은?

가장 아쉬운 소비 항목은?

나를 위한 선물은 무엇이었는가?

다음 달

새로운 가계부 예산 목표는?

새롭게 늘리거나 꼭 줄여보고 싶은 항목은?

절약에 성공한 나를 위해 주고 싶은 선물은 무엇인가?

집밥이 최고의 재테크!

일 주 일 집 밥 냉장고 지도

위치	현재 가지고 있는 식재료
냉동실	
냉장실	
찬장/펜트리	
집밥 메뉴	
장 볼 품목	

머니잇수다 연간 결산표 1월~6월

구분	항목	1월	2월	3월	4월	5월	6월
수입	급여소득						
	기타-정기수입						
	기타-비정기수입						
	이자소득						
	배당소득						
	사업소득						
	연금소득						
	임대소득						
	기타소득						
소득 합계							
빚 갚기	소비성 대출 (신용카드/약관 대출)						
	대출이자						
빚갚기 합계							
저축	정기저축						
	비정기저축						
저축 합계							
고정 지출	주거비/공과금						
	용돈						
	보험료						
	후원						
	교제비						
	의료비						
	경조사						
	양육/교육비						
	교통비						
	꾸밈비(이미용)						
	문화생활/여가비						
	기타지출						
	꿈지출/자기계발						
	예비비						
고정지출 소계							
변동 지출	식비						
	외식비						
	생필품비						
변동지출 소계							
총 지출 합계 (빚갚기 + 저축+ 고정지출 + 변동지출)							
월 잔액							

머니잇수다 연간 결산표 7월~12월

구분	항목	7월	8월	9월	10월	11월	12월
수입	급여소득						
	기타-정기수입						
	기타-비정기수입						
	이자소득						
	배당소득						
	사업소득						
	연금소득						
	임대소득						
	기타소득						
소득 합계							
빚 갚기	소비성 대출 (신용카드/약관 대출)						
	대출이자						
빚갚기 합계							
저축	정기저축						
	비정기저축						
저축 합계							
고정 지출	주거비/공과금						
	용돈						
	보험료						
	후원						
	교제비						
	의료비						
	경조사						
	양육/교육비						
	교통비						
	꾸밈비(이미용)						
	문화생활/여가비						
	기타지출						
	꿈지출/자기계발						
	예비비						
고정지출 소계							
변동 지출	식비						
	외식비						
	생필품비						
변동지출 소계							
총 지출 합계 (빚갚기 + 저축+ 고정지출 + 변동지출)							
월 잔액							